Palavra de Criança

Patricia Gebrim

Palavra de Criança

Coisas que você pode aprender
com sua criança interior

**Editora
Pensamento**
SÃO PAULO

Copyright © 1998 Patricia Puccini G. Gebrim.
Copyright © 1998 Editora Pensamento-Cultrix Ltda.

1ª edição 1998

2ª edição 2021. /1ª reimpressão 2023

Essa edição possui capa e embalagem novas, mas o conteúdo do seu livro se mantém inalterado.

Todos os direitos reservados. Nenhuma parte deste livro pode ser reproduzida ou usada de qualquer forma ou por qualquer meio, eletrônico ou mecânico, inclusive fotocópias, gravações ou sistema de armazenamento em banco de dados, sem permissão por escrito, exceto nos casos de trechos curtos citados em resenhas críticas ou artigos de revista.

A Editora Pensamento não se responsabiliza por eventuais mudanças ocorridas nos endereços convencionais ou eletrônicos citados neste livro.

Editor: Adilson Silva Ramachandra
Gerente editorial: Roseli de S. Ferraz
Gerente de produção editorial: Indiara Faria Kayo
Editoração eletrônica: Join Bureau

Dados Internacionais de Catalogação na Publicação (CIP)
(Câmara Brasileira do Livro, SP, Brasil)

Gebrim, Patricia
　　Palavra de criança: coisas que você pode aprender com sua criança interior / Patricia Gebrim. – 2. ed. – São Paulo: Editora Pensamento Cultrix, 2021.

　　ISBN 978-65-87236-30-8

　　1. Autoajuda – Técnicas 2. Autoavaliação 3. Desenvolvimento pessoal 4. Psicologia I. Título.

20-46594　　　CDD-158.1

Índices para catálogo sistemático:

1. Desenvolvimento pessoal: Autoajuda: Psicologia　　158.1
Maria Alice Ferreira – Bibliotecária – CRB-8/7964

Direitos reservados
EDITORA PENSAMENTO-CULTRIX LTDA.
Rua Dr. Mário Vicente, 368 – 04270-000 – São Paulo – SP
Fone: (11) 2066-9000
http://www.editorapensamento.com.br
E-mail: atendimento@editorapensamento.com.br
Foi feito o depósito legal.

"Dedico este livro a todos aqueles que me ajudaram a descobrir a beleza transformadora de um céu carregado de estrelas, a paz e o silêncio do fundo do mar, a força instintiva dos ventos e tempestades e a intensidade da vida que se esconde sob cada pequena folha de um jardim."

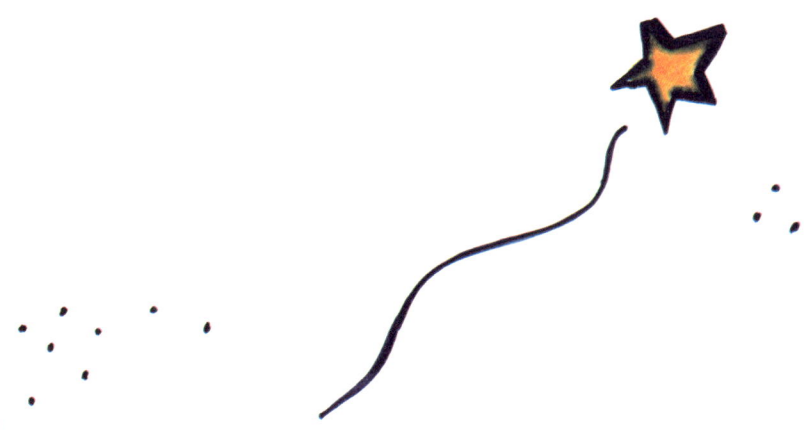

Agradecimentos

São tantos os que participaram dessa espiral...

Agradeço à minha família, especialmente a Mauro, meu marido, por sua paciência sempre amorosa; a meus pais, a Ana Maria (fada madrinha), Carla (irmã de alma) e Serginho (irmão de sangue).

Agradeço a Lucely, Kátia, Ana Lúcia, Lígia, Rita, Paola, Paula, Irene, Marion, Sergio e Ana e a tantos outros amigos que sempre me ajudaram a acreditar em meus sonhos.

Agradeço aos colegas do Pathwork e a todos os clientes com quem tenho trabalhado e que tanto me ensinam sobre a vida.

Agradeço àqueles que me ensinaram amar.

Agradeço sobretudo à natureza, por ter cuidado com tanto carinho da minha criança interior, e por tê-la inspirado para este trabalho.

Um agradecimento final a Sônia Café, pela delicadeza com que elaborou o prefácio, e a Ricardo, meu editor, por ter acreditado em tanta palavra de ciranda.

Valeu!!!

Sumário

Prefácio   11

Introdução   13

Fazendo Contato   15

Adulto – Ladrão de Sentimento   21

Como Ouvir sua Criança   27

Palavra de Criança   33

Encontrando o Tesouro   41

Adote um Adulto (Para o Leitor Criança)   47

Como Utilizar as Cartas   49

Prefácio

Desde que me dei conta da criança interior e eterna que sempre viveu em mim, a minha vida tem se tornado muito mais plena. Ela sempre esteve perto, muito perto, e jamais deixou de estar presente quando sou espontânea, quando consigo ficar totalmente concentrada no momento presente, quando me deleito com as coisas simples e belas da vida e, principalmente, quando me relaciono com a Natureza.

Essa criança está presente nos olhos e na Alma de cada ser humano, esperando para ser acolhida e celebrada. Sua sabedoria integral está além do intelecto e muito perto do coração. O importante é fazer contato com ela e permitir que participe da nossa vida de adulto. É fazer como sugere a Patricia neste livrinho delicioso: deixar que ela nos adote quando nos orfanizamos pela aceitação do mau humor ou da seriedade autoimposta.

Palavra de Criança é um convite para sentir, sem medo, todos os sentimentos humanos independentemente da idade, do sexo ou da cultura onde crescemos. E esse convite é também para que nos arrisquemos a não levar a nós mesmos e a vida tão a sério...

Podemos aceitar o convite da nossa criança interior no trabalho, em família, na solidão de um momento meditativo e deixá-la tomar parte em nossa vida. Afinal, ela sempre esteve muito perto, esperando pelo nosso reconhecimento e disposta a adotar o "adulto" no qual nos transformamos.

Sônia Café, em janeiro de 1998.

Introdução

O texto deste livro e das cartas que o acompanham foi ditado a mim por minha criança interior em tardes preguiçosas e cheias de sol em que me permiti não ter tantas coisas para fazer.

Quando a gente é criança, é fácil vibrar de alegria, gritar de raiva ou pedir que a mãe da gente faça um bolo de chocolate bem gostoso. Mas conforme vamos crescendo, vamos nos esquecendo dessas coisas, ficando sérios demais e criando um monte de regras sobre como devemos ser e agir.

No entanto, não importa quantos aniversários já tenhamos comemorado, dentro de todos nós mora uma criança. Agora mesmo, lá está ela, inocente, cheia de vida e pronta para descobrir todos os segredos deste mundo cheio de mistérios. Deixe que a voz dessa criança seja seu guia pelas páginas deste livro e o ajude a desenterrar o precioso pote de magia e encantamento que pode tornar sua vida tão mais colorida.

Que Palavra de Criança seja um instrumento para que o Universo possa tocar e aquecer seu coração, com a mesma beleza e simplicidade com que um sorriso de criança consegue descongelar.

Patricia Gebrim

FAZENDO CONTATO

Oi! Eu sou a criança que mora dentro de você. Não sei muito bem o que falar... Quando você era criança e eu também, a gente conversava de montão, você se lembra?

Você consegue se lembrar de como a gente olhava para o céu à noite e ficava torcendo para uma estrela cadente aparecer? Tudo era tão cheio de magia...

Naquele tempo você era muito diferente. Não tinha medo de sair na chuva e gostava de comer as mesmas coisas que eu. Nossa, como a gente dava risada!

É verdade que tinha muitas coisas que a gente não entendia direito. Os adultos pareciam tão complicados para nós...

Você cresceu.

Isso não aconteceu de um dia para o outro, mas foi acontecendo devagarinho, como uma semente que vai brotando dia a dia da terra, até que de repente se abre como aquela margarida do jardim onde costumávamos brincar.

Que saudades!

Nossas conversas foram ficando diferentes. Você foi aprendendo um monte de palavras novas e difíceis. Sabe, muitas delas eu não consigo entender. Você fala e eu continuo sem saber o que você quer dizer.

É solitário...

Você também foi deixando de me escutar. Preferia ouvir as conversas difíceis dos adultos. Passou a achar que o que eu dizia era simples demais.

Você cresceu e eu continuei aqui, dentro de você, sem ter com quem conversar.

VOCÊ SABE POR QUE ISSO ACONTECEU?

Pois eu sei, e vou te contar!

ADULTO – LADRÃO DE SENTIMENTOS

Conforme você foi crescendo, foi acreditando em uma coisa que os adultos sempre acreditam: você acreditou que era perigoso sentir ...

... E EU SOU A PARTE DE VOCÊ QUE SENTE.

Por alguma razão estranha, que eu ainda não consigo entender, os adultos acham que os sentimentos são muito perigosos. Eles acreditam que precisam ser sempre calmos e controlados.

(Como se isso fosse possível...)

Mas eles continuam sentindo um monte de coisas. Eu sei que é assim!

Sentem raiva quando as coisas não acontecem do jeito que eles querem, sentem-se tristes quando ficam longe das pessoas queridas, sentem-se alegres quando conquistam algo por que lutam muito e ainda ficam cheios de amor quando pegam um filhote bem pequenininho no colo!

Eles sentem isso tudo, mas fingem que não estão sentindo nada. E fingem tanto que até se esquecem de que estavam fingindo, e um dia acabam acreditando que não são capazes de sentir.

E a criança dentro deles grita cada vez mais alto, para ver se eles conseguem ouvir:

- Ei! – ela grita. – Você está aí?
- Me leva para passear um pouco...
- Chega de tanto esforço.
  A vida é uma brincadeira divertida!
- Me deixa sentir a dor...
- Me deixa sentir amor...
- Me deixa sentir... por favor...

Você consegue ouvir meu grito dento de você?

Muitos adultos ficaram surdos e já não ouvem sua criança. Eu preciso que você ouça minha voz, converse de novo comigo...

EU TENHO TANTA COISA
PARA TE DIZER!

Se você já não souber mais como ouvir, vou tentar ajudar, mas já vou avisando...

... meus métodos são simples. São simples porque eu sou a criança que ainda vive dentro de você e eu não sei fazer coisas complicadas.

COMO OUVIR SUA CRIANÇA

LIÇÃO Nº 1:

Para começa, você precisa fazer as pazes com o tempo!

Para mim, é difícil falar com alguém assim tão ocupado como você, sempre correndo, atrapalhado, atrasado, cansado...

Será que não dá para reservar um tempinho para mim? Um tempo para respirar fundo de vez em quando e se lembrar de quem você é de verdade; um tempo para olhar pela janela, para se deitar no sofá e sonhar acordado. Eu quero tanto sonhar com você...

LIÇÃO Nº 2:

Preste bem atenção, porque esta parte é bem difícil:

- VOCÊ TEM DE TER A CORAGEM DE ARRISCAR!

Arriscar dar um sorriso e ser chamado de bobo, arriscar andar descalço na grama e levar picada de formiga no pé, arriscar sair sob a chuva e ter de subir todo molhado num elevador cheio de gente.

Tem de arriscar palavras simples, uma nova cor, sair da rotina, um gesto de amor.

LIÇÃO Nº 3

Se você já escapou da gaiola do tempo e está cheio de coragem para assumir riscos, já pode tentar esta lição avançada.

É HORA DE VIRAR CAÇADOR DE SENTIMENTOS!

Os sentimentos são como bichinhos assustados em uma floresta, que fogem toda vez que fazemos barulho demais. Eles fogem do barulho dos nossos pensamentos, fogem das críticas, dos certos e errados, dos julgamentos.

Para caçar sentimentos, você tem de aprender a chegar de mansinho na floresta, a olhar de verdade para dentro, sem medo do que vai encontrar. Tem de ser amoroso com você mesmo, se tornar mais atento, tem de aprender a pedir conselhos ao senhor do tambor: o coração.

SIM, VOCÊ PODE!!!

Por que você não tenta fazer isso agora mesmo? Pare de ler um pouquinho e ouça o bater que vem de dentro do seu peito!

APRENDA A DECIFRAR AS BATIDAS!

Batidas rápidas... Batidas... Batidas fortes... Batidas
Batidas longas... Batidas... Batidas de medo...
Batidas... Batidas... Batidas...
de amor.

Você consegue escutar a minha voz? Consegue ouvir quando eu digo que gosto muito de você?

"GOSTO DE VOCÊ DO TAMANHO DO UNIVERSO!"

PALAVRA DE CRIANÇA

Se vocês, adultos, pudessem escutar mais a gente, muitas coisas iam ser diferentes. Nós, crianças, sabemos que os seres humanos são muito mais do que simples bichos pensantes!

A gente sabe que cada pessoa é um pedacinho do Universo, feito de luz e amor, capaz de fazer as coisas mais maravilhosas...

Você sabia que podemos voar?

Podemos voar mesmo sem ter asas de pássaros ou borboletas, porque a gente tem umas asas muito mais fortes que essas:

As Asas da Imaginação!

Os adultos esqueceram como imaginar. Eles acreditam numa coisa chamada realidade que lhes diz que estão sempre presos a alguma coisa ou a algum lugar.

Eles já não sabem como voar.

É triste...

Nós, crianças, também sabemos que quando outras pessoas estão tristes, a gente fica triste também.

E com isso a gente aprendeu que as pessoas também são parte da gente... se os animais... e as florestas... e tudo o que existe no Universo!

Tudo é um...

Os adultos esqueceram...

Os adultos sabem ler o jornal, fazer contas complicadas, resolver problemas difíceis, andar para lá e para cá como se soubessem de tudo.

Eles acham que não precisam de nada nem de ninguém.

(Você sabia que às vezes eles nem sabem quem são?)

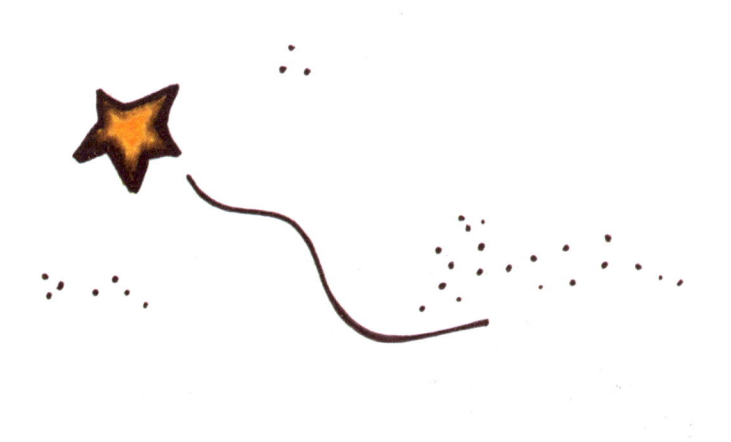

Mas, por sorte, a criança que mora dentro deles nunca pode esquecer!

Sabe, se eu não fosse criança, eu ia cuidar dos adultos.

Ia pegar cada um deles no colo, fazer muito carinho, dar muitos beijinhos e falar para eles que está tudo bem.

MAS EU AINDA SOU UMA CRIANÇA...

Eu sou uma criança e preciso muito de você, adulto. Preciso que você se lembre de mim. Preciso da sua atenção, da sua confiança, do seu carinho.

Preciso que você me aceite dentro de você e me ajude a crescer.

Preciso segurar na sua mão.

Em troca posso te dar muitas coisas...

ENCONTRANDO O TESOURO

Posso te ensinar a viver com leveza, a fazer a rotina de boba e inventar coisas que tédio nenhum pode imaginar!

Posso te ensinar a criar as coisas mais incríveis sem esforço (toda criança sabe!), transformar sentimentos em cores, letras, formas e sabores. A ser artista, pintor, poeta, escritor. A tocar música de tristeza e alegria.

Com minha ajuda, você pode transformar seu trabalho em uma brincadeira divertida. Aposto que você vai adorar!

Se você deixar, posso te ensinar a maior de todas as artes...

A ARTE DE SE RELACIONAR!

Quer mais?

Posso te ensinar a ser alegre de novo... a empinar papagaios lá no alto do céu... a sair pelo mundo à procura de amigos... a dar valor às coisas simples da vida... a dançar uma música bonita com quem você gosta... a tomar um delicioso sorvete de chocolate... a chorar de alegria e de tristeza...a amar...sem medo...

...SEM MEDO DE SER CRIANÇA OUTRA VEZ.

ESTOU AQUI DENTRO,

AGORA MESMO,

ESPERANDO POR VOCÊ...

VEM BRINCAR COMIGO?

QUE SAUDADE!

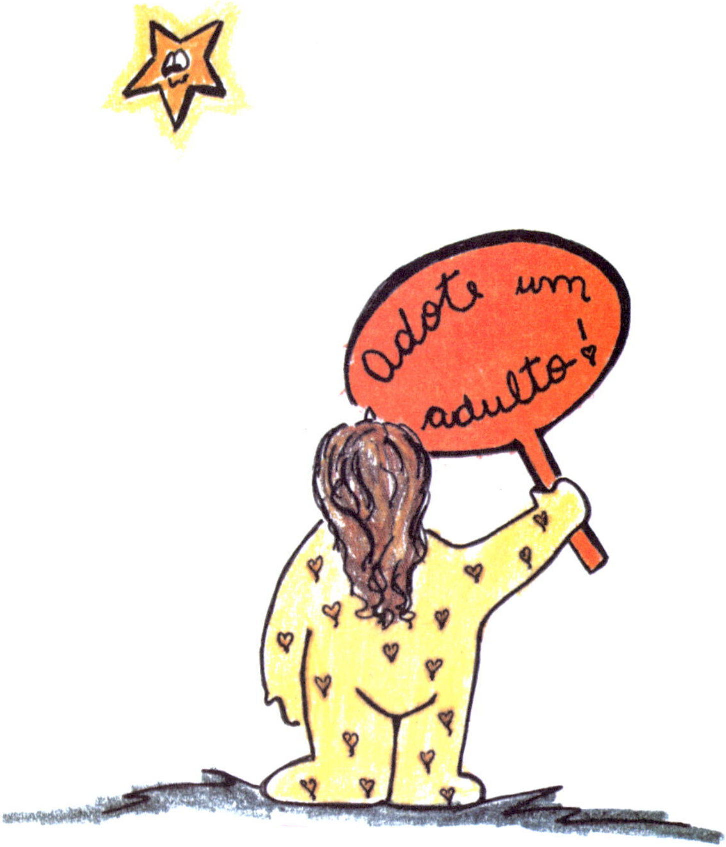
adote um adulto!

ADOTE UM ADULTO (Para o Leitor Criança)

PARTICIPE DESTA CAMPANHA!

Adote um adulto e ensine a ele coisas que ele já esqueceu. Você pode adotar seu pai, sua mãe, um tio, um amigo crescido; o importante é encontrar alguém, que precise de você.

COMO ESCOLHER?

É fácil reconhecer os adultos que mais precisam ser adotados: eles costumam ser ranzinzas, mal-humorados e cheios de coisas para fazer. São sérios demais, vivem reclamando do que fazem, não gostam de barulho, de música ou de coisas inesperadas. Odeiam surpresas e geralmente não gostam de comer doces ou de andar descalços. Aposto que você já encontrou muitos deles por aí!!!

O QUE FAZER COM ELES?

Depois que tiver escolhido, chegue perto de mansinho e, com muita paciência, vá ensinando a ele como ser criança outra vez. Faça um lindo desenho e dê a ele de presente, ensine-o a fazer as nuvens crescerem (na imaginação), a aprender a gostar de carinho (comece com um beijinho!), a acreditar em anjos e dragões (conte-lhe uma história), a chupar pedrinha de gelo que cai do céu etc.

Use sua criatividade para inventar novas lições!

O importante é não desistir e se lembrar de que o que fácil para você pode ser muito difícil para ele.

Seja paciente.

COMO UTILIZAR AS CARTAS

Você encontrará, acompanhando este livro, um baralho contendo 45 cartas diferentes que podem formar pares (cada duas cartas têm um mesmo desenho, com exceção da Carta do Sonho*).

Não existem regras rígidas sobre a melhor maneira de utilizar o baralho – como você bem sabe, isso só afastaria sua criança de você!

O importante é que você se permita criar uma forma própria de interagir com esse material. Tudo é válido, desde que seja divertido!

Um bom começo seria procurar um lugar onde você se sinta à vontade para brincar de ser criança outra vez.

*A Carta do Sonho é o curinga do baralho, um presente especial de sua criança para você, um sinal de que algo especial pode estar para lhe acontecer.

Os adultos às vezes acham que brincar é uma atividade tola e inútil, ou perda de tempo. Mas se você leu este livro, talvez já suspeite que as coisas mais importantes da vida são aprendidas brincando (não foi assim que todos nós começamos?). Brincar é viver com leveza, é experimentar, ousar, poder acertar e errar.

BRINCANDO SOZINHO

Segure o baralho entre as mãos, feche os olhos por um instante e respire profundamente. Deixe que venha à sua mente alguma situação de sua vida atual que você não esteja conseguindo compreender ou solucionar. Embaralhe um pouco as cartas e convide, em sua imaginação, sua criança interior a participar desta brincadeira. Retire uma carta e permita que sua criança a leia com você!

BRINCANDO EM GRUPO

Palavra de criança pode ser uma maneira diferente e suave de facilitar trabalhos em grupos, uma vez que leva cada um de nós a relembrar um momento da vida em que éramos mais soltos, espontâneos, abertos para o contato com o outro.

São inúmeras as possibilidades de uso. O importante é criar um clima descontraído, que convide a criança inteiror de cada um a participar. (Sentar em círculo, como nas brincadeira de roda, pode ajudar!)

*COMPARTILHANDO IMPRESSÕES

Peça que cada integrante do grupo retire uma carta do baralho e a leia para si mesmo. A seguir, solicite que cada pessoa conte ao grupo que carta tirou e a forma como aquela mensagem a tocou.

*FORMANDO DUPLAS

Peça que cada pessoa do grupo tire uma carta e repita o processo até que cada uma encontre seu par (aquele que tiver uma carta com desenho igual ao seu). Dessa forma, você poderá facilmente dividir o grupo em duplas, que poderão "brincar" tentando relacionar as mensagens de suas cartas ou trabalhar outro assunto qualquer.

*JOGO DA MEMÓRIA

Embaralhe as cartas e coloque-as sobre uma superfície plana, com as mensagens viradas para baixo. A seguir, um integrante do grupo desvira duas cartas, tentando formar um par de cartas que tenham o mesmo desenho. Se conseguir fica com as cartas. Se não conseguir, deve passar a oportunidade para o próximo a jogar.

*PINTANDO PALAVRA DE CRIANÇA

Distribua entre os integrantes do grupo folhas de papel em branco e lápis de cor (ou giz de cera). Sugira que cada um retire uma carta do baralho e a leia para si mesmo. A seguir, proponha que cada um faça um desenho que retrate a forma como essa carta o tocou. Após todos terem desenhado, abra espaço para que cada um expresse o que desejar.

*BRINCANDO DE TEATRO

Divida o grupo em dois subgrupos. Embaralhe as cartas e permita que um representante de cada subgrupo retire quatro cartas, aleatoriamente.

A seguir, peça para que todos imaginem que agora são diretores de teatro e que seu desafio será criar uma cena cujo tema envolva as quatro cartas que receberam. Lembre-se de avisá-los de que, além, de diretores, eles terão também a oportunidade de representar sua criação para seus colegas!

O importante é que transformem isso tudo
numa grande brincadeira!